AF194980

Impressum
Verlag: BABADADA GmbH, Nedderfeld 112 , 22529 Hamburg
Geschäftsführer / Verlagsleitung: Harald Hof
Druck: Books on Demand GmbH, In de Tarpen 42, 22848 Norderstedt

Imprint
Publisher: BABADADA GmbH, Nedderfeld 112 , 22529 Hamburg, Germany
Managing Director / Publishing direction: Harald Hof
Print: Books on Demand GmbH, In de Tarpen 42, 22848 Norderstedt

el colegio
escuela

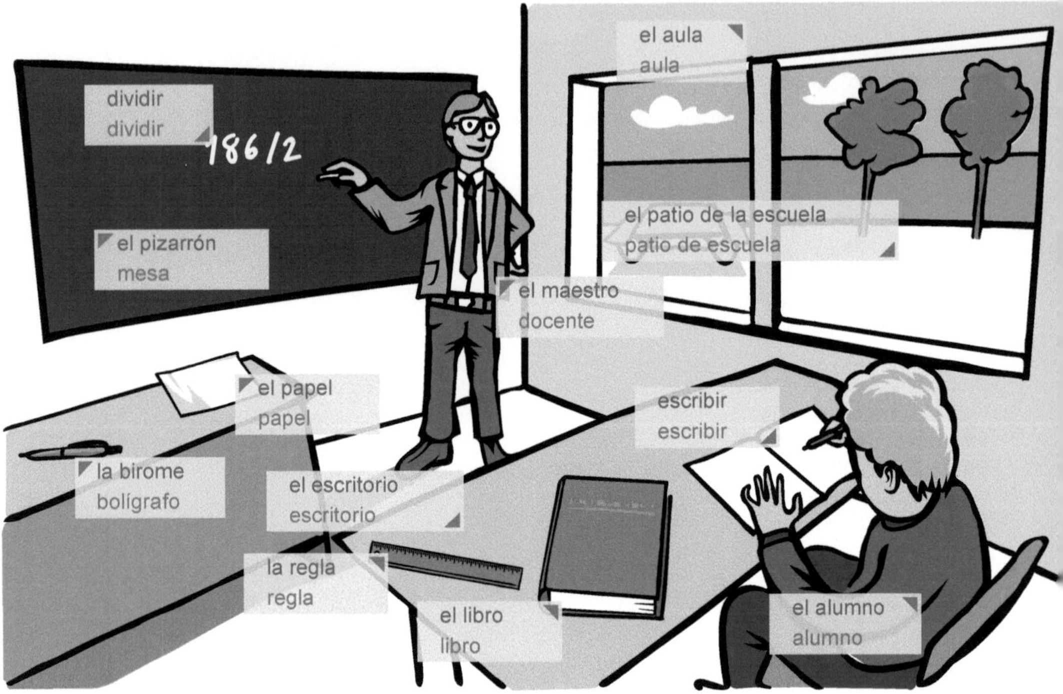
el aula
aula
dividir
dividir
186/2
el pizarrón
mesa
el patio de la escuela
patio de escuela
el maestro
docente
el papel
papel
escribir
escribir
la birome
bolígrafo
el escritorio
escritorio
la regla
regla
el libro
libro
el alumno
alumno

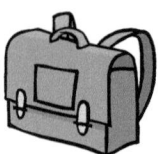

la mochila

mochila escolar

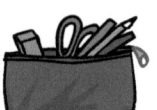

la caja de lápices

caja de lápices

el lápiz

lápiz

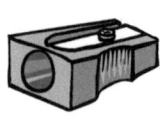

el sacapuntas

sacapuntas

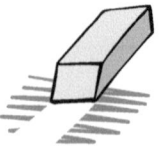

la goma (de borrar)

goma de borrar

el bloc de dibujo

bloc de dibujo

el dibujo

dibujo

el pincel

pincel

la caja de pinturas

caja de pinturas

la tijera

tijera

el pegamento

pegamento

el cuaderno de ejercicios

libro de ejercicios

la tarea

tarea

el número

número

sumar

sumar

restar

restar

multiplicar

multiplicar

calcular

calcular

la letra

letra

el abecedario

alfabeto

la palabra

palabra

el texto

texto

leer

leer

la tiza

tiza

la lección

lección

el cuaderno de clase

libro de clase

el examen

examen

el certificado

certificado

el uniforme escolar

uniforme escolar

la educación

educación

la enciclopedia

enciclopedia

la universidad

universidad

el microscopio

microscopio

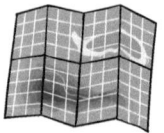

el mapa

mapa

el tacho (de basura)

cesto de papeles

el viaje
viaje

el hotel
hotel
Grand
el hostel
albergue
ROOMS
la casa de cambio
casa de cambio
EXCHANGE
la valija
maleta
el auto
auto

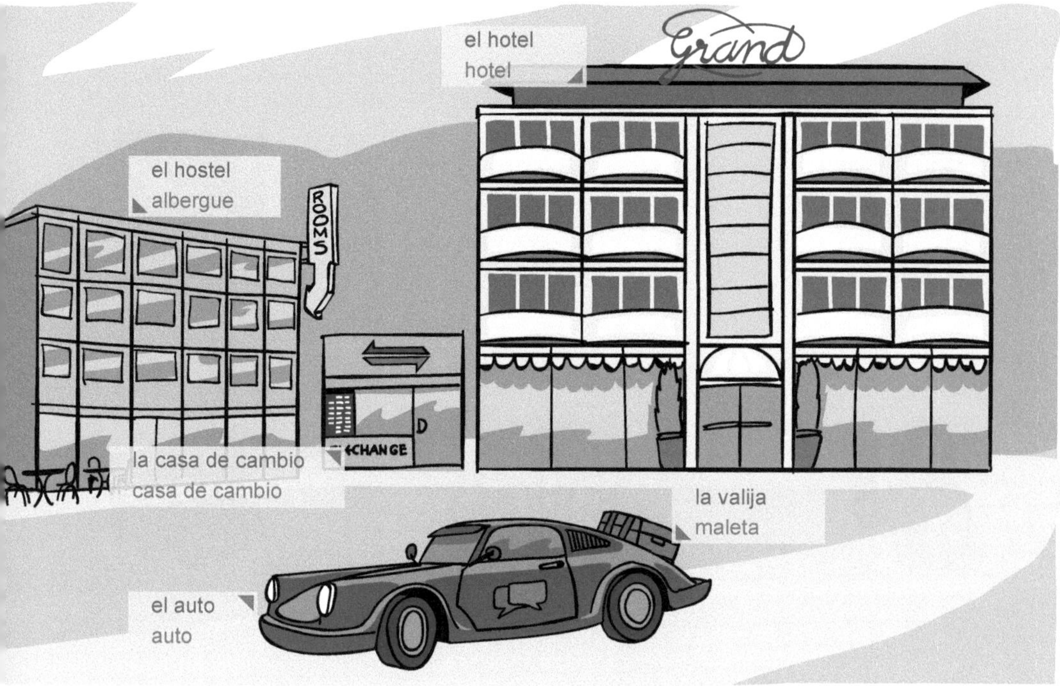

el idioma

idioma

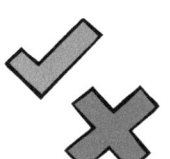

sí / no

sí / no

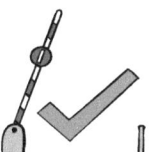

Está bien

ok

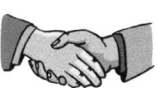

hola

hola

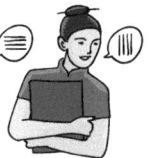

el traductor

intérprete

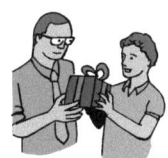

Gracias

gracias

¿cuánto cuesta...?

¿Cuánto cuesta...?

No entiendo

No entiendo

el problema

problema

¡Buenas tardes!

¡Buenas tardes!

¡Buenos días!

¡Buenos días!

¡Buenas noches!

¡Buenas noches!

el adiós

adiós

la dirección

dirección

el equipaje

equipaje

el bolso

bolso

la mochila

mochila

el invitado

invitado

la habitación

cuarto

la bolsa de dormir

saco de dormir

la carpa

tienda de campaña

la información turística

información al turista

la playa

playa

la tarjeta de crédito

tarjeta de crédito

el desayuno

desayuno

el almuerzo

almuerzo

la cena

cena

el pasaje

pasaje

el ascensor

ascensor

el sello

sello

la frontera

límite

la aduana

aduana

la embajada

embajada

la visa

visa

el pasaporte

pasaporte

el transporte
transporte

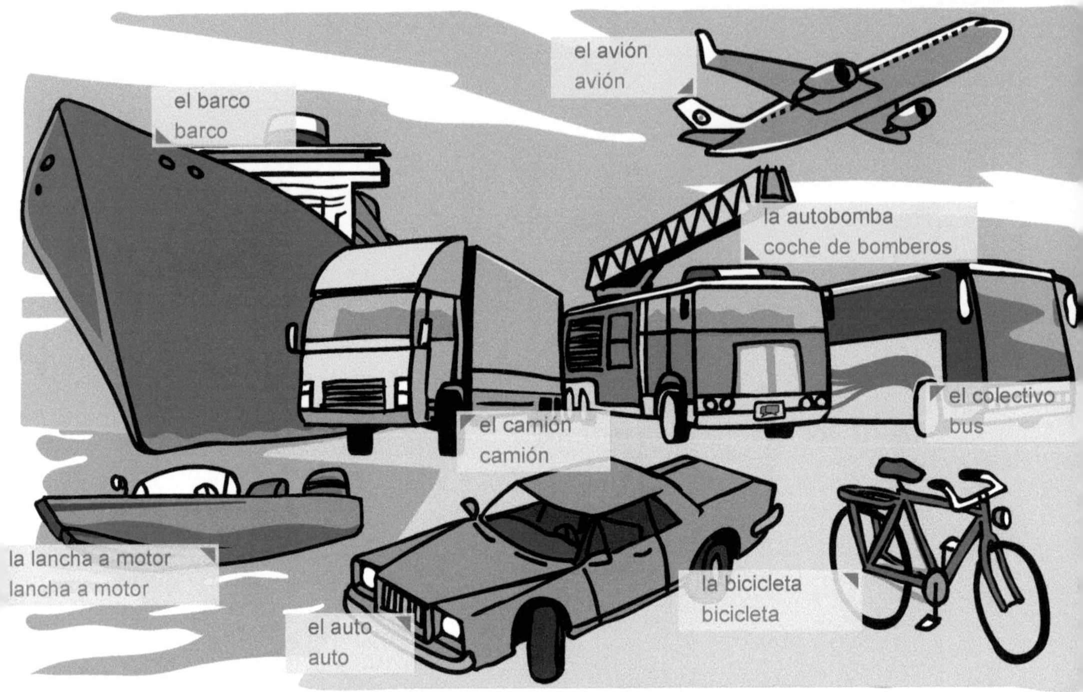

el avión
avión
el barco
barco
la autobomba
coche de bomberos
el colectivo
bus
el camión
camión
la lancha a motor
lancha a motor
la bicicleta
bicicleta
el auto
auto

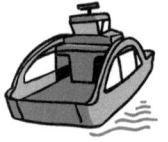

el ferry

balsa

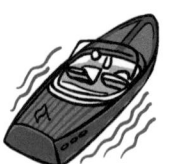

el bote

lancha

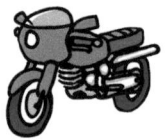

la moto

motocicleta

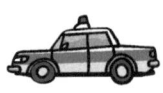

el patrullero

auto de policía

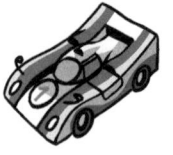

el auto de carreras

auto de carreras

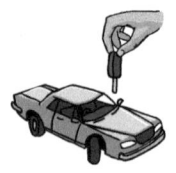

el auto de alquiler

auto de alquiler

el alquiler de autos

alquiler de autos

la grúa

grúa

el camión de la basura

vehículo recolector de basura

el motor

motor

la nafta

gasolina

la estación de servicio

gasolinera

la señal de tránsito

señal de tráfico

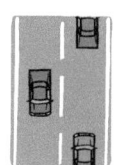

el tránsito

tránsito

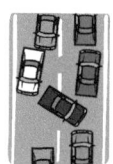

el embotellamiento

atasco

el estacionamiento

estacionamiento

la estación de tren

estación de tren

las vías

carril

el tren

tren

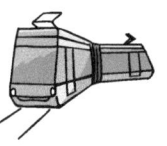

el tranvía

tranvía

el vagón

vagón

el helicóptero

helicóptero

el aeropuerto

aeropuerto

la torre

torre

el pasajero

pasajero

el contenedor

contenedor

la caja de cartón

caja de cartón

la carretilla

carro

la canasta

cesta

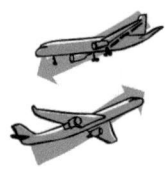

despegar / aterrizar

despegar / aterrizar

la ciudad

ciudad

el pueblo

aldea

el centro de la ciudad

centro de la ciudad

la casa

casa

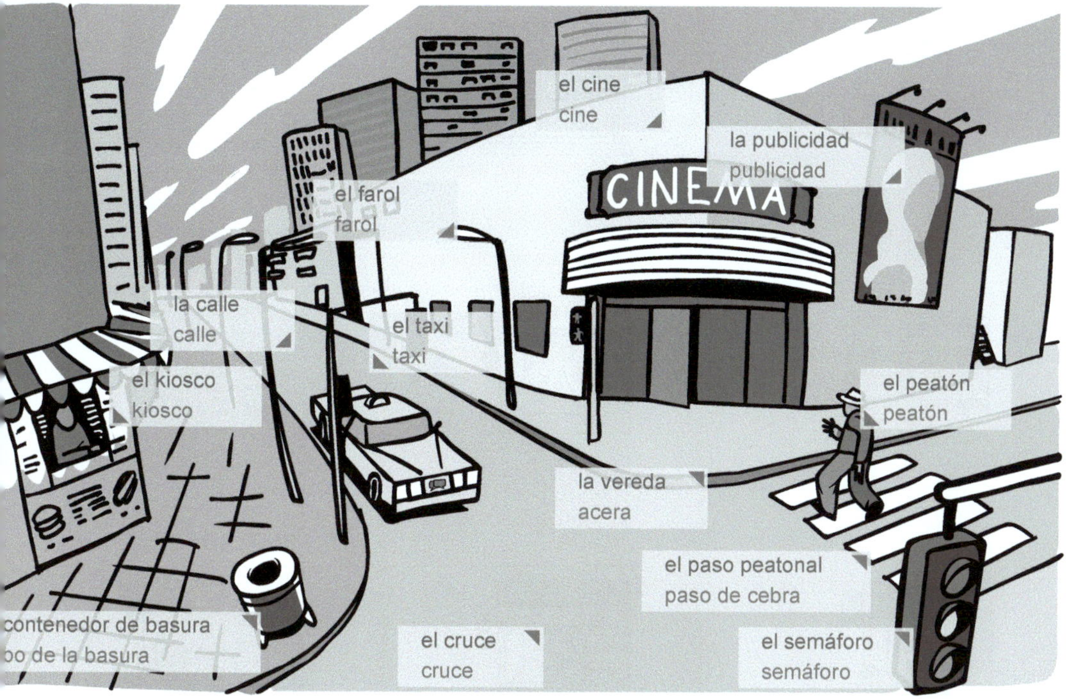

el cine
cine

la publicidad
publicidad

el farol
farol

la calle
calle

el taxi
taxi

el kiosco
kiosco

el peatón
peatón

la vereda
acera

el paso peatonal
paso de cebra

contenedor de basura
bo de la basura

el cruce
cruce

el semáforo
semáforo

la cabaña

cabaña

el departamento

apartamento

la estación de tren

estación de tren

la municipalidad

ayuntamiento

el museo

museo

el colegio

escuela

la universidad

universidad

el banco

banco

el hospital

hospital

el hotel

hotel

la farmacia

farmacia

la oficina

oficina

la librería

librería

el negocio

negocio

la florería

florería

el supermercado

supermercado

el mercado

mercado

las grandes tiendas

grandes almacenes

la pescadería

pescadería

el centro comercial

centro comercial

el puerto

puerto

la ciudad - ciudad

el parque

parque

el banco

banco

el puente

puente

las escaleras

escalera

el subte

metro

el túnel

túnel

la parada del colectivo

parada de autobuses

el bar

bar

el restaurante

restaurante

el buzón

buzón de correo

el letrero

letrero

el parquímetro

parquímetro

el zoológico

zoológico

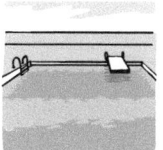

la pileta

piscina

la mezquita

mezquita

la granja
granja

la contaminación
polución

el cementerio
cementerio

la iglesia
iglesia

los juegos infantiles
parque infantil

el templo
templo

el paisaje
paisaje

la hoja
hoja

el poste indicador
indicador de camino

el camino
sendero

la pradera
pradera

la piedra
piedra

el árbol
árbol

el excursionista
caminante

el río
río

la hierba
pasto

la flor
flor

el valle

valle

la montaña

montaña

el lago

lago

el bosque

bosque

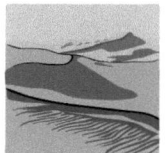

el desierto

desierto

el volcán

volcán

el castillo

castillo

el arco iris

arco iris

el champiñón

seta

la palmera

palmera

el mosquito

mosquito

la mosca

mosca

la hormiga

hormiga

la abeja

abeja

la araña

araña

el escarabajo

escarabajo

la rana

rana

la ardilla

ardilla

el erizo

erizo

la liebre

liebre

la lechuza

lechuza

el pájaro

pájaro

el cisne

cisne

el jabalí

jabalí

el ciervo

ciervo

el alce

alce

la presa

embalse

el aerogenerador

aerogenerador

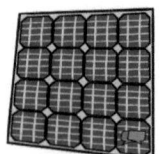

el panel solar

módulo solar

el clima

clima

el restaurante
restaurante

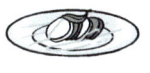

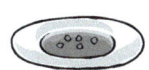

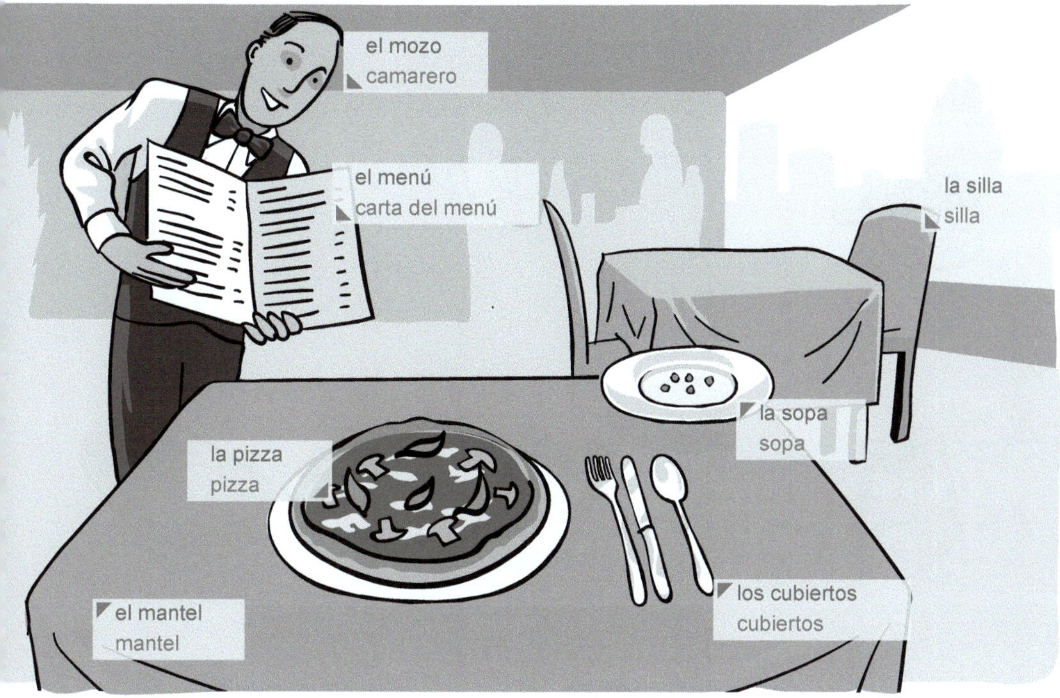
el mozo
camarero
el menú
carta del menú
la silla
silla
la sopa
sopa
la pizza
pizza
los cubiertos
cubiertos
el mantel
mantel

la entrada

entrada

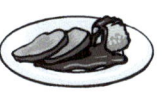

el plato principal

plato principal

el postre

postre

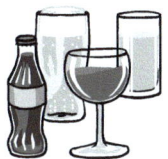

las bebidas

bebida

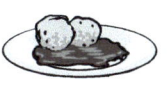

la comida

comida

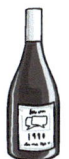

la botella

botella

la comida rápida

comida rápida

la comida callejera

comida callejera

la tetera

tetera

la azucarera

azucarera

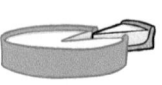

la porción

porción

la cafetera expreso

máquina de espresso

la sillita alta

silla alta

la cuenta

factura

la bandeja

bandeja

el cuchillo

cuchillo

el tenedor

tenedor

la cuchara

cuchara

la cucharita

cuchara de té

la servilleta

servilleta

el vaso

vaso

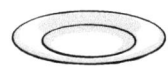

el plato

plato

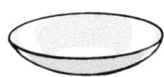

el plato hondo

plato de sopa

el plato

platillo

la salsa

salsa

el salero

salero

el molinillo de pimienta

molinillo para pimienta

el vinagre

vinagre

el aceite

aceite

las especias

especias

el kétchup

ketchup

la mostaza

mostaza

la mayonesa

mayonesa

el supermercado
supermercado

la oferta especial
oferta
FOR
el cliente
cliente
los lácteos
productos lácteos
la fruta
fruta
el changuito
carrito de compras

BUTCHERS

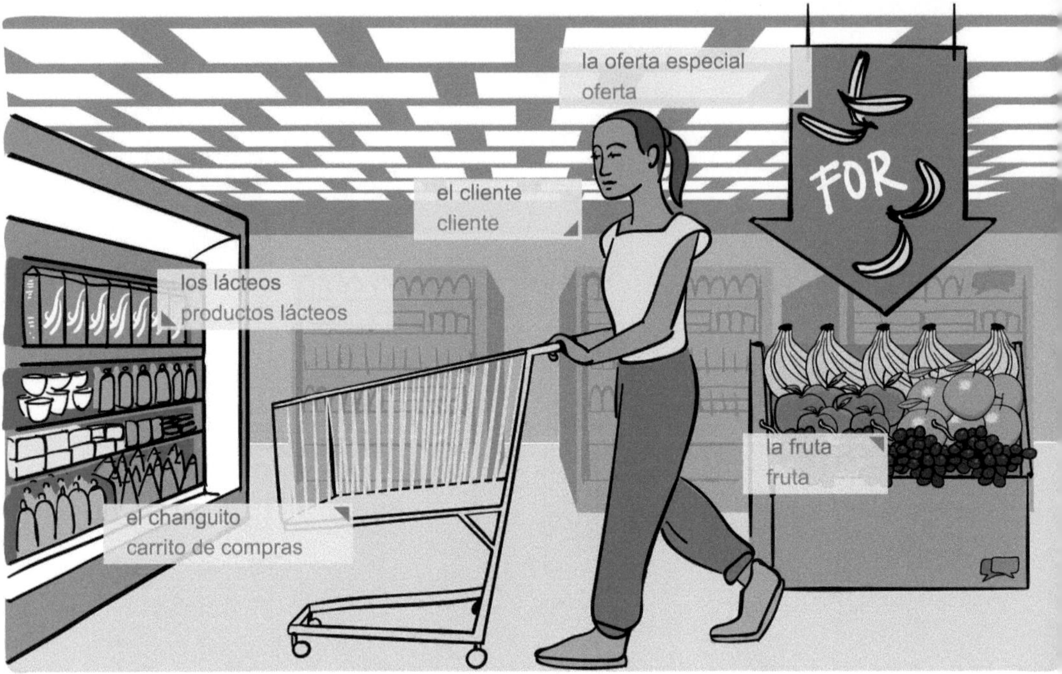

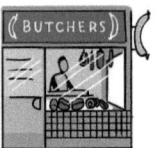

la carnicería

carnicería

BAKERY

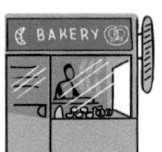

la panadería

panadería

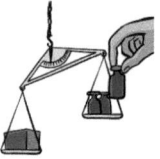

pesar

pesar

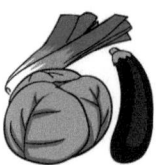

las verduras

verdura

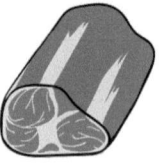

la carne

carne

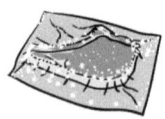

los alimentos congelados

alimentos congelados

los fiambres

fiambre

los alimentos enlatados

conservas

el detergente en polvo

detergente en polvo

las golosinas

dulces

los electrodomésticos

artículos domésticos

los productos de limpieza

productos de limpieza

la vendedora

vendedora

la caja

caja

el cajero

cajero

la lista de compras

lista de compras

el horario de atención

horario de atención

la billetera

cartera

la tarjeta de crédito

tarjeta de crédito

la cartera

maleta

la bolsa de plástico

bolsa plástica

el agua

agua

el jugo

jugo

la leche

leche

la bebida cola

refresco de cola

el vino

vino

la cerveza

cerveza

el alcohol

alcohol

el cacao

cacao

el té

té

el café

café

el café expreso

espresso

el cappuccino

cappuccino

la banana

banana

la manzana

manzana

la naranja

naranja

el melón

sandía

el limón

limón

la zanahoria

zanahoria

el ajo

ajo

el bambú

bambú

la cebolla

cebolla

el champiñón

seta

las nueces

nueces

los fideos

fideos

los tallarines

espagueti

el arroz

arroz

la ensalada

ensalada

las papas fritas

patatas fritas

las papas fritas

patatas salteadas

la pizza

pizza

la hamburguesa

hamburguesa

el sándwich

sándwich

el churrasco

escalope

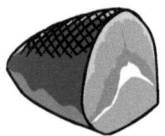

el jamón

jamón

el salame

salame

la salchicha

embutido

el pollo

pollo

el asado

asado

el pescado

pescado

los copos de avena

copos de avena

el muesli

musli

los copos de maíz

copos de maíz tostado

la harina

harina

la medialuna

croissant

el pancito

panecillo

el pan

pan

la tostada

tostada

las galletitas

galletas

la manteca

mantequilla

la cuajada

cuajada

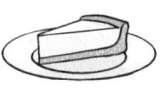

la torta

pastel

el huevo

huevo

el huevo frito

huevo frito

el queso

queso

el helado

helado

el azúcar

azúcar

la miel

miel

la mermelada

mermelada

la pasta de chocolate

praliné

el curry

curry

la granja
granja

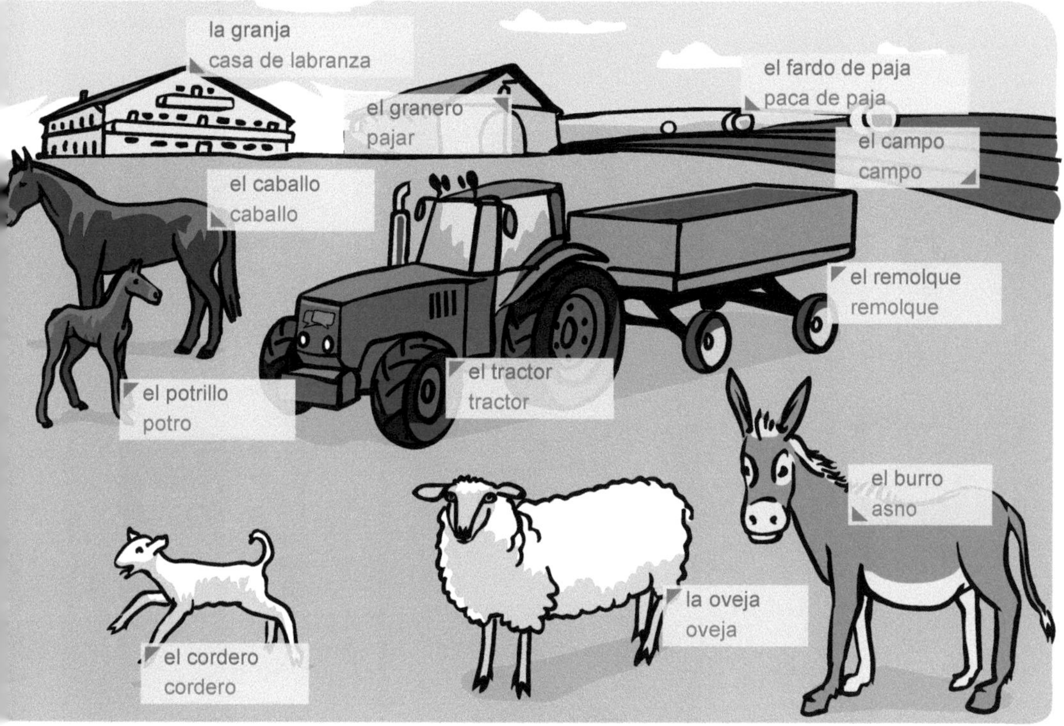
la granja
casa de labranza
el granero
pajar
el fardo de paja
paca de paja
el campo
campo
el caballo
caballo
el remolque
remolque
el tractor
tractor
el potrillo
potro
el burro
asno
la oveja
oveja
el cordero
cordero

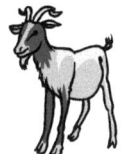

la cabra
cabra

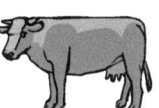

la vaca
vaca

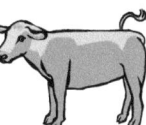

el ternero
ternero

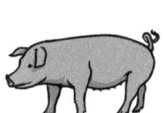

el cerdo
cerdo

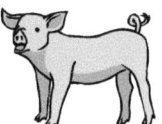

el lechón
lechón

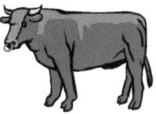

el toro
toro

el ganso
ganso

el pato
pato

el pollo
polluelo

la gallina
pollo

el gallo
gallo

la rata
rata

el gato
gato

el ratón
ratón

el buey
buey

el perro
perro

la cucha
caseta del perro

la manguera
manguera de riego

la regadera
regadera

la guadaña
guadaña

el arado
arado

la hoz
hoz

la azada
azada

la horquilla
bieldo

el hacha
hacha

la carretilla
carretilla

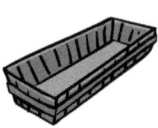

el abrevadero
abrevadero

la lechera
lechera

la bolsa
saco

la reja
cerca

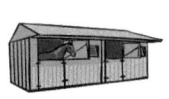

el establo
establo

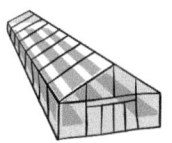

el invernadero
invernadero

el suelo
suelo

la semilla
semilla

el fertilizador
fertilizante

la cosechadora
cosechadora

cosechar

cosechar

la cosecha

cosecha

las batatas

raíz de ñame

el trigo

trigo

la soja

soja

la papa

patata

el maíz

maíz

la semilla de colza

colza

el árbol frutal

Árbol frutal

la mandioca

mandioca

los cereales

cereales

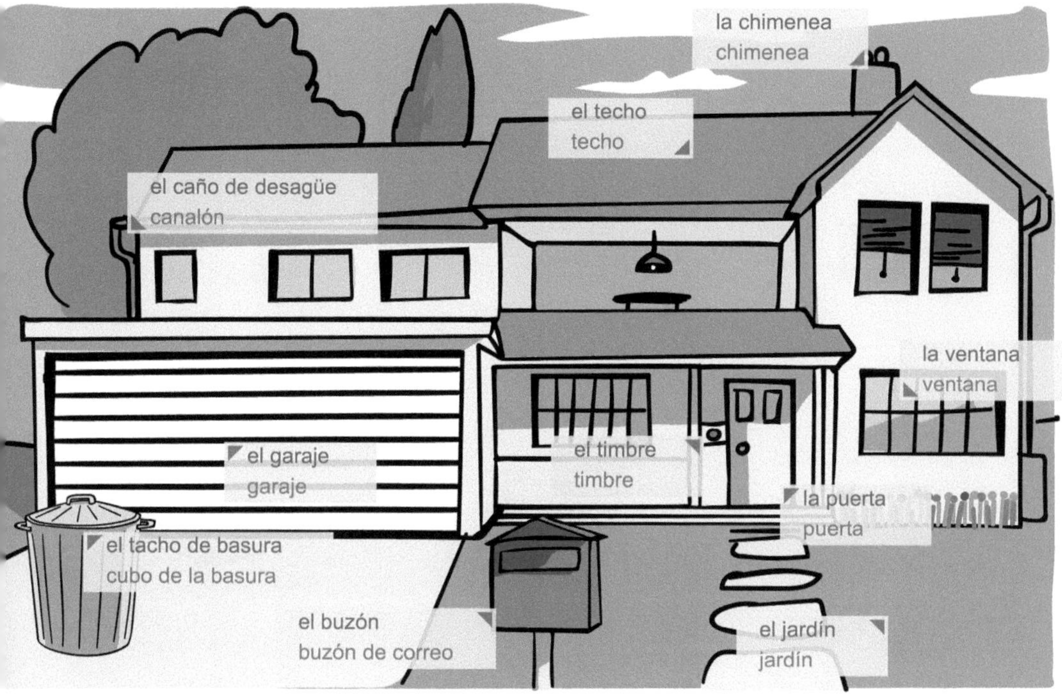

la chimenea
chimenea

el techo
techo

el caño de desagüe
canalón

la ventana
ventana

el garaje
garaje

el timbre
timbre

la puerta
puerta

el tacho de basura
cubo de la basura

el buzón
buzón de correo

el jardín
jardín

el living
cuarto de estar

el baño
cuarto de baño

la cocina
cocina

el dormitorio
dormitorio

el cuarto de los chicos
cuarto de los niños

el comedor
comedor

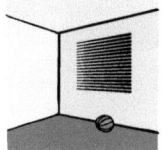

el piso

piso

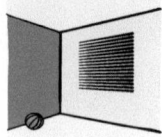

la pared

pared

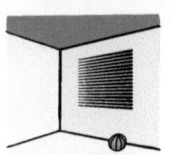

el cielorraso

cielorraso

el sótano

sótano

el sauna

sauna

el balcón

balcón

la terraza

terraza

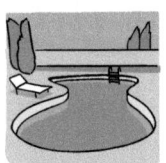

la pileta

piscina

la cortadora de pasto

cortacésped

la sábana

funda nórdica

el acolchado

edredón

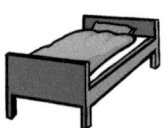

la cama

cama

la escoba

escoba

el balde

cubo

el interruptor

interruptor

el living

cuarto de estar

el empapelado
papel para empapelar
la imagen
imagen
la lámpara
lámpara
el estante
estante
el armario
gabinete
la televisión
televisor
la chimenea
hogar
la flor
flor
el almohadón
cojín
el sofá
sofá
el florero
florero
el control remoto
control remoto

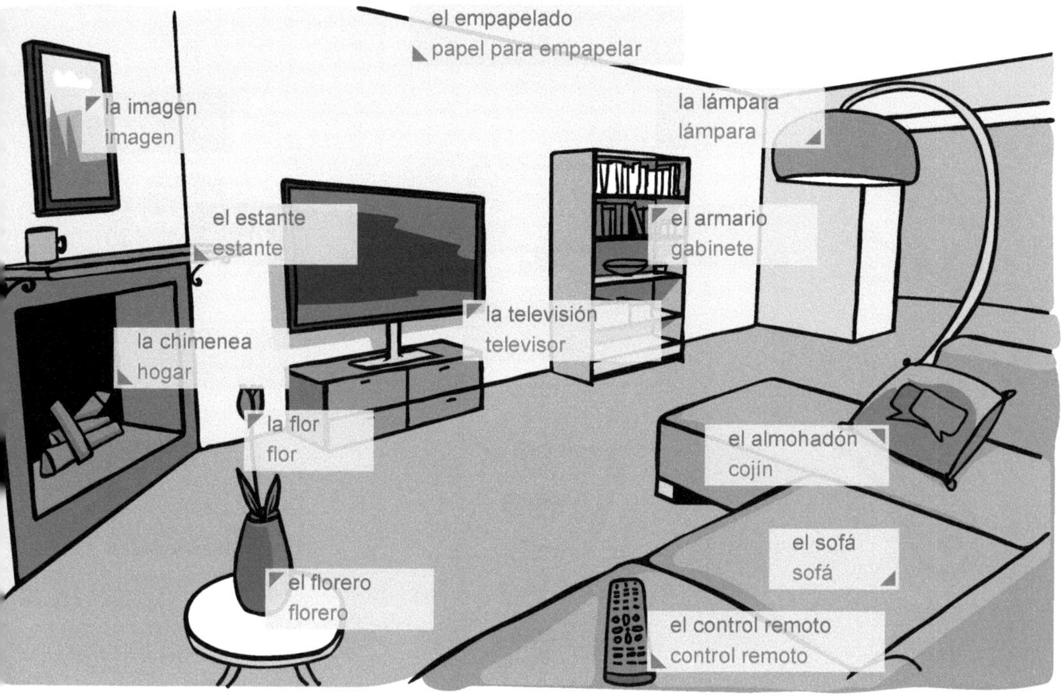

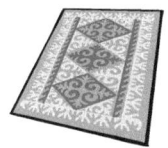

la alfombra

alfombra

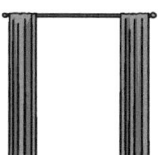

la cortina

cortina

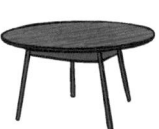

la mesa

mesa

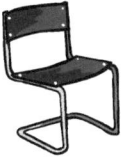

la silla

silla

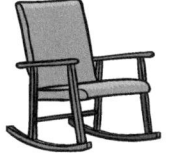

la mecedora

mecedora

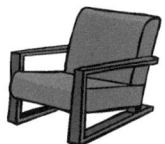

el sillón

sillón

el libro

libro

la frazada

frazada

la decoración

decoración

la leña

leña

la película

film

el equipo de música

equipo estereofónico

la llave

llave

el diario

periódico

la pintura

cuadro

el póster

póster

la radio

radio

el cuaderno

bloc de notas

la aspiradora

aspiradora

el cactus

cactus

la vela

vela

la cocina
cocina

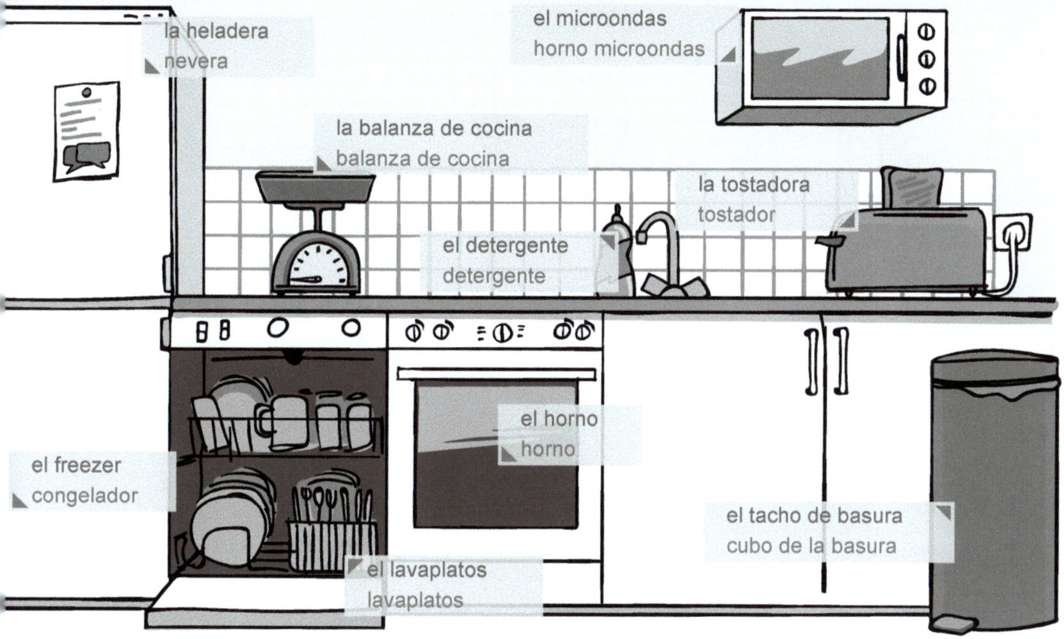

la heladera
nevera
el microondas
horno microondas
la balanza de cocina
balanza de cocina
la tostadora
tostador
el detergente
detergente
el horno
horno
el freezer
congelador
el tacho de basura
cubo de la basura
el lavaplatos
lavaplatos

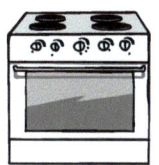

la cocina
cocina

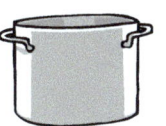

la olla
olla

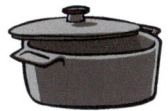

la olla de hierro fundido
olla de fundición de hierro

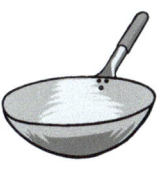

el wok
wok / kadai

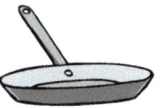

la sartén
sartén

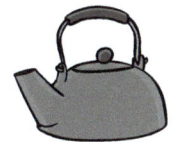

la pava
hervidor de agua

la vaporera

olla de vapor

la bandeja de horno

bandeja de horno

la vajilla

vajilla

la taza

vaso

el bol

bol

los palitos

palillos para comer

el cucharón

cucharón de sopa

la espátula

espátula

la batidora

batidor

el colador

colador

el colador

cedazo

el rallador

rallador

el mortero

mortero

la parrilla

parrillada

la fogata

fogata

la tabla de picar

tabla de picar

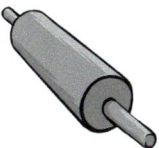

el palo de amasar

rodillo

el sacacorchos

sacacorchos

la lata

lata

el abrelatas

abrelatas

la manopla

agarrador

la pileta

fregadero

el cepillo

cepillo

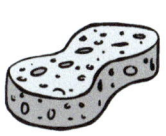

la esponja

esponja

la batidora

batidora

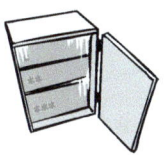

el congelador

arcón congelador

la mamadera

biberón

la canilla

grifo

el baño

cuarto de baño

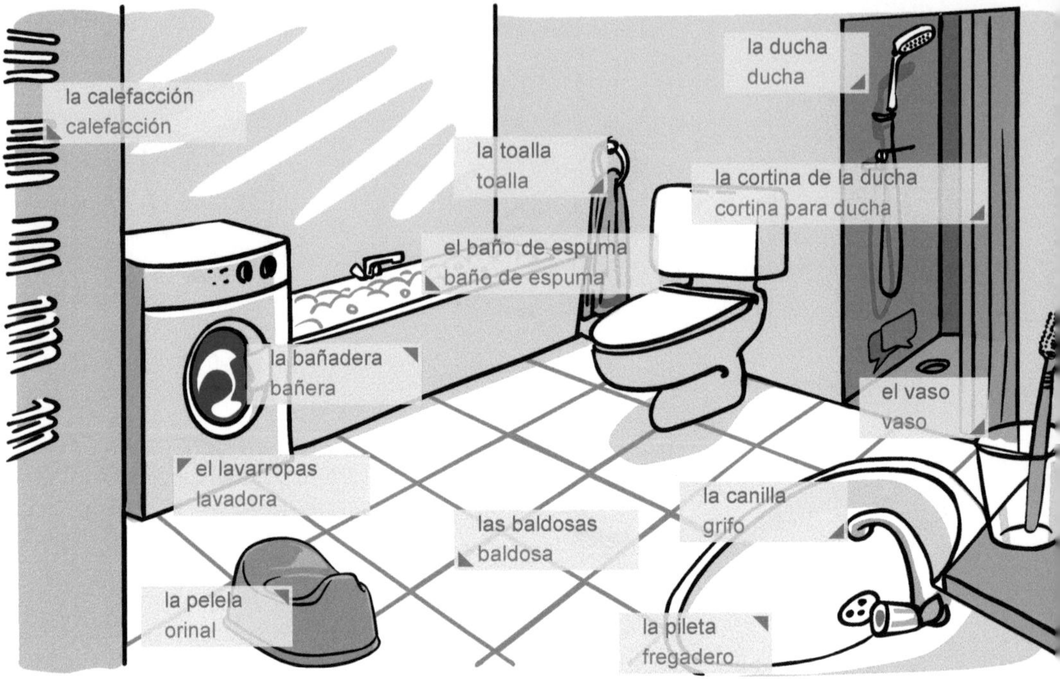

la calefacción
calefacción
la ducha
ducha
la toalla
toalla
la cortina de la ducha
cortina para ducha
el baño de espuma
baño de espuma
la bañadera
bañera
el vaso
vaso
el lavarropas
lavadora
la canilla
grifo
las baldosas
baldosa
la pelela
orinal
la pileta
fregadero

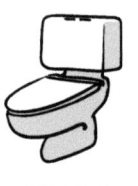

el inodoro

cuarto de baño

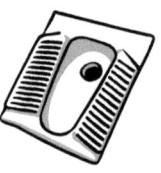

la letrina

placa turca

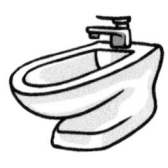

el bidé

bidé

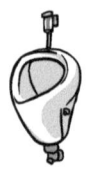

el mingitorio

urinario

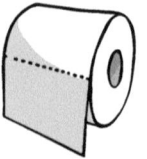

el papel higiénico

papel higiénico

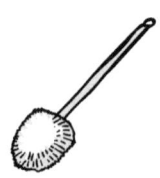

el cepillo para el inodoro

escobilla para el cuarto de baño

el cepillo de dientes

cepillo de dientes

el dentífrico

pasta dentífrica

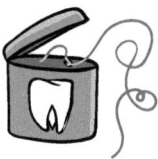

el hilo dental

seda dental

lavar

lavar

la ducha de mano

ducha teléfono

la ducha higiénica

ducha higiénica

la palangana

cuenco

el cepillo para la espalda

cepillo para la espalda

el jabón

jabón

el gel de ducha

gel de ducha

el shampoo

champú

la toallita

manopla para baño

el desagüe

desagüe

la crema

crema

el desodorante

desodorante

el espejo

espejo

el espejito

espejo de maquillaje

la maquinita de afeitar

máquina de afeitar

la espuma de afeitar

espuma de afeitar

el aftershave

loción para después del afeitado

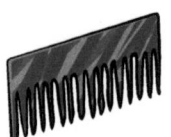

el peine

peine

el cepillo

cepillo

el secador de pelo

secador para cabello

el spray

laca de peinado

el maquillaje

maquillaje

el lápiz de labios

lápiz labial

el esmalte para uñas

laca para uñas

el algodón

algodón

la tijera para uñas

tijera para uñas

el perfume

perfume

el baño - cuarto de baño

el portacosméticos

neceser

la banqueta

taburete

la balanza

balanza

la bata

bata de baño

los guantes de goma

guantes de goma

el tampón

tampón

la toallita femenina

compresa

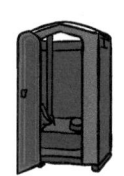

el baño químico

wáter químico

el cuarto de los chicos
cuarto de los niños

el despertador
despertador
el peluche
animal de peluche
el coche de juguete
auto de juguete
el sonajero
sonajero
la casa de muñecas
casa de muñecas
el regalo
obsequio

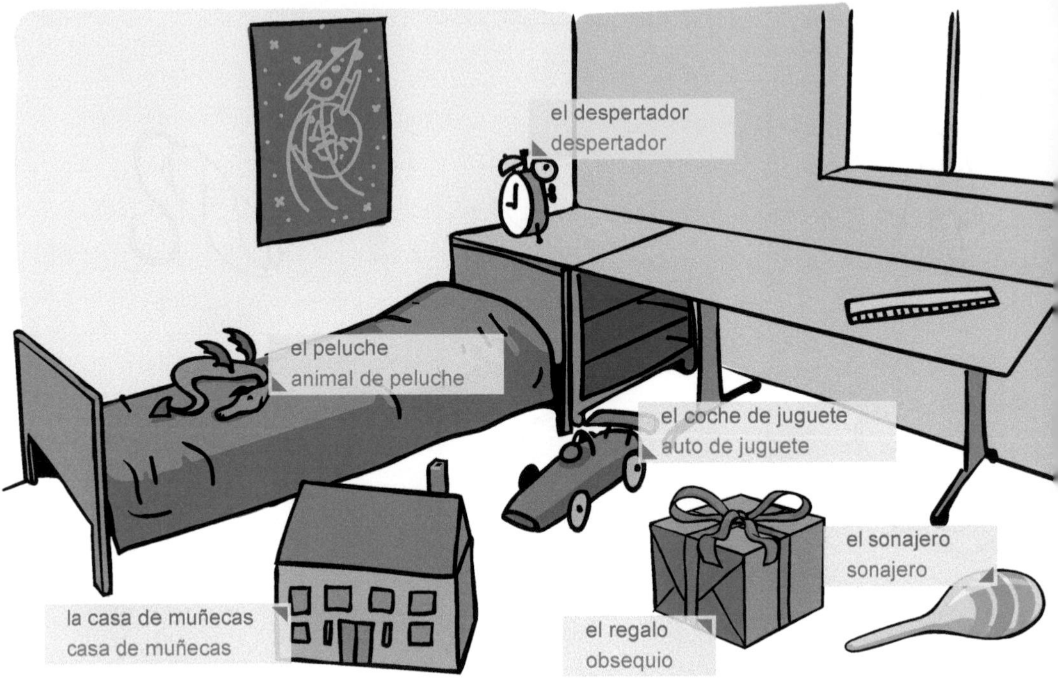

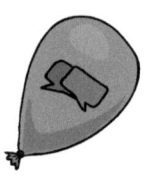

el globo

globo

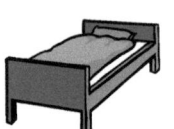

la cama

cama

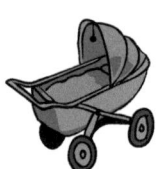

el cochecito

cochecito para niños

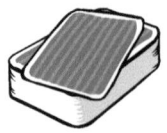

las cartas

juego de barajas

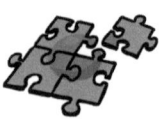

el rompecabezas

rompecabezas

SUPER
MEGA

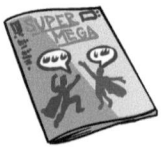

la historieta

cómic

las piezas de lego

piezas de Lego

los ladrillos de juguete

bloques para jugar

la figura de acción

figura de acción

el enterito (de bebé)

pijama de una pieza

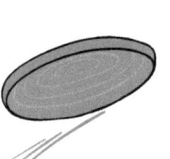

el frisbee

frisbee

el móvil para bebés

móvil

el juego de mesa

juego de mesa

los dados

dado

el tren eléctrico

tren eléctrico a escala

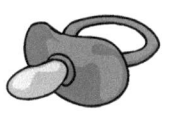

el chupete

chupete

la fiesta

fiesta

el libro de cuentos ilustrado

libro de dibujos

la pelota

pelota

la muñeca

títere

jugar

jugar

el arenero

arenero

la hamaca

columpio

los juguetes

juguetes

la consola de videojuegos

consola de videojuego

el triciclo

triciclo

el osito de peluche

osito de peluche

el armario

guardarropa

la ropa

vestimenta

las medias

calcetines

las medias panty

medias

las calzas

panti

la bufanda
chal

el paraguas
paraguas

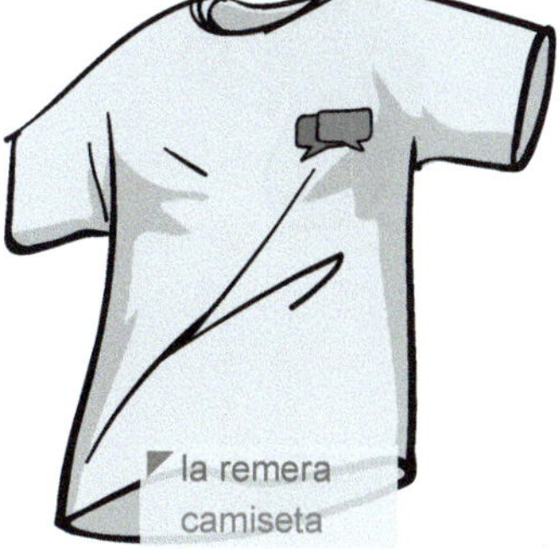

la remera
camiseta

el cinturón
cinturón

las botas
botas

las pantuflas
zapatilla

las zapatillas
deportivas

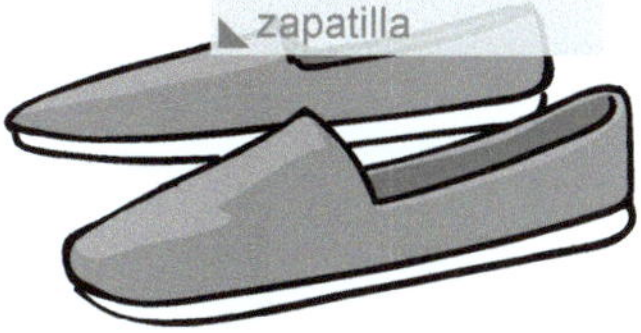

las sandalias
·················
sandalias

los zapatos
·················
zapatos

las botas de goma
·················
botas de goma

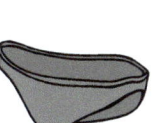

la ropa interior
·················
ropa interior

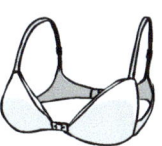

el corpiño
·················
corpiño

el chaleco
·················
camiseta

el body
body

los pantalones
pantalón

los jeans
jeans

la pollera
falda

la blusa
blusa

la camisa
camisa

el pulóver
pullover

el buzo
sweater

el blazer
blazer

la campera
chaqueta

el tapado
abrigo

el piloto
impermeable

el traje
traje chaqueta

el vestido
vestido

el vestido de novia
vestido de bodas

el traje

traje

el camisón

camisón

el pijama

pijama

el sari

sari

el pañuelo para la cabeza

pañuelo de cabeza

el turbante

turbante

la burka

burka

el caftán

caftán

la abaya

abaya

el traje de baño

traje de baño

el short de baño

bañador

los shorts

shorts

el jogging

chándal

el delantal

delantal

los guantes

guante

el botón
botón

los anteojos
gafa

la pulsera
brazalete

el collar
cadena

el anillo
anillo

el aro
aro

la gorra
gorra

la percha
percha

el sombrero
sombrero

la corbata
corbata

el cierre
cierre a cremallera

el casco
casco

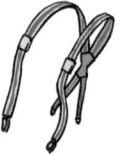

los tiradores
tiradores

el uniforme escolar
uniforme escolar

el uniforme
uniforme

el babero

babero

el chupete

chupete

el pañal

pañal

la oficina
oficina

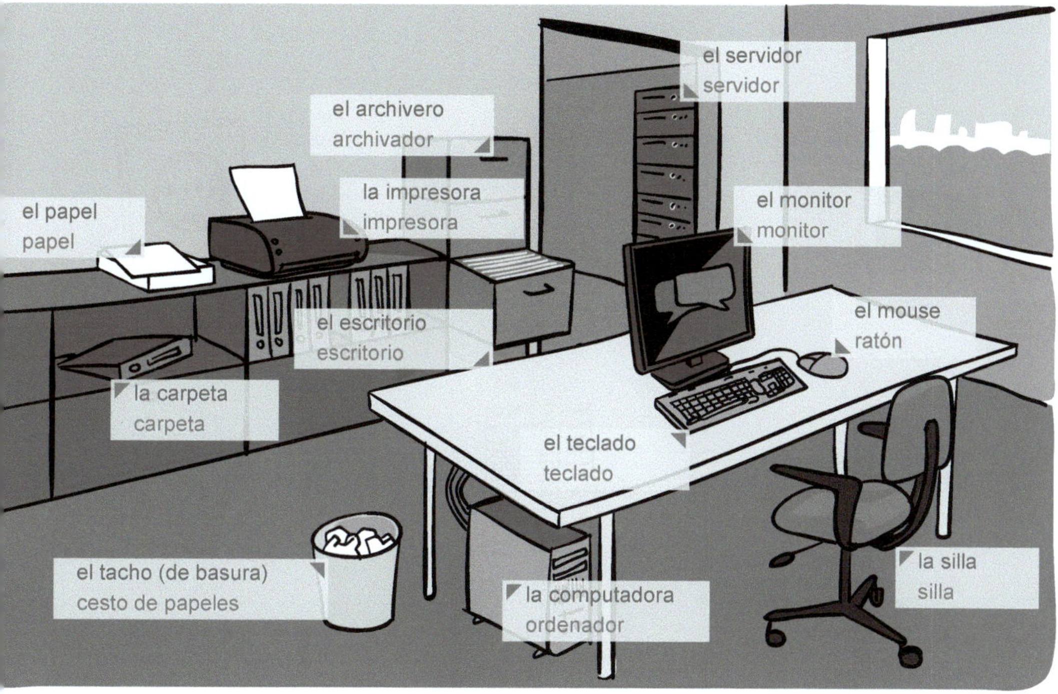

el servidor

servidor

el archivero

archivador

la impresora

impresora

el papel

papel

el monitor

monitor

el escritorio

escritorio

el mouse

ratón

la carpeta

carpeta

el teclado

teclado

el tacho (de basura)

cesto de papeles

la silla

silla

la computadora

ordenador

la taza de café

taza de café

la calculadora

calculadora

el internet

internet

la laptop

laptop

la carta

carta

el mensaje

mensaje

el celular

teléfono móvil

la red

red

la fotocopiadora

fotocopiadora

el software

software

el teléfono

teléfono

el tomacorriente

tomacorriente

el fax

máquina de fax

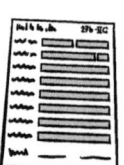

el formulario

formulario

el documento

documento

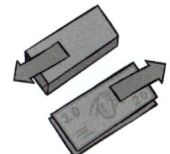

comprar

comprar

pagar

pagar

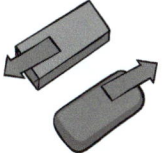

hacer negocios

comerciar

el dinero

dinero

el dólar

dólar

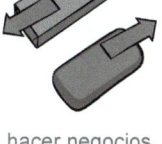

el euro

euro

el yen

yen

el rublo

rublo

el franco suizo

franco

el yuan

renminbi

la rupia

rupia

el cajero automático

cajero automático

la casa de cambio

casa de cambio

el oro

oro

la plata

plata

el petróleo

petróleo

la energía

energía

el precio

precio

el contrato

contrato

el impuesto

impuesto

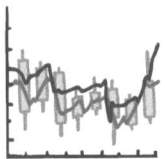

la acción

acción

trabajar

trabajar

el empleado

empleado

el empleador

empleador

la fábrica

fábrica

el negocio

negocio

las ocupaciones
ocupaciones

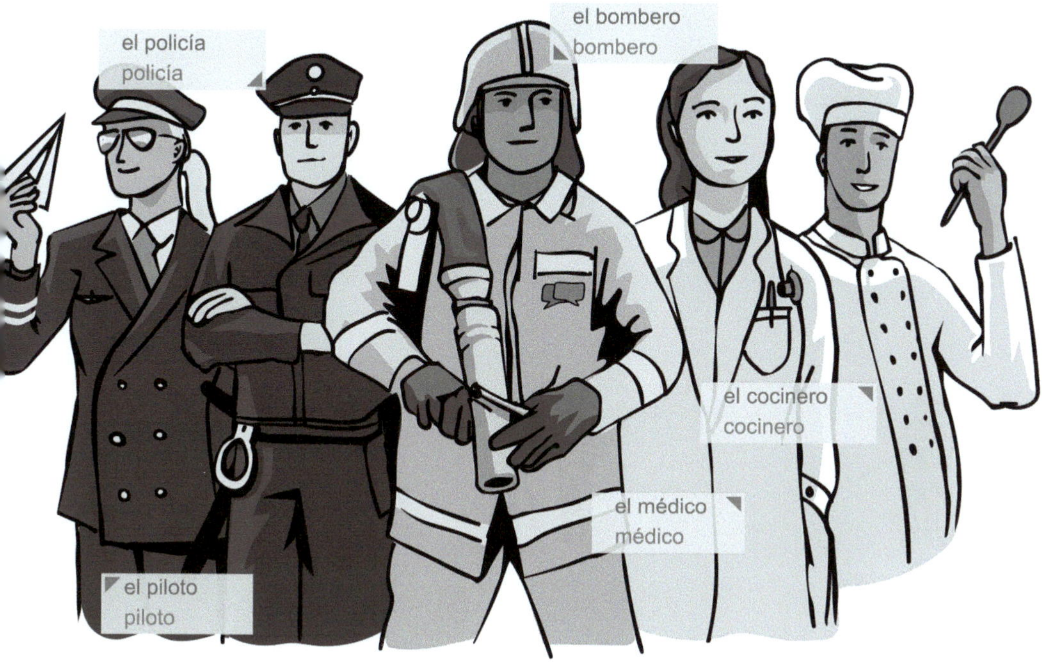
el policía
policía
el bombero
bombero
el cocinero
cocinero
el médico
médico
el piloto
piloto

el jardinero

jardinero

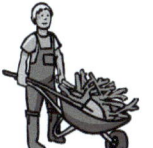

el carpintero

carpintero

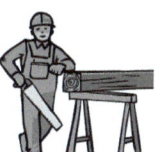

la modista

costurera

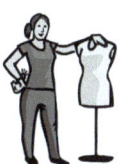

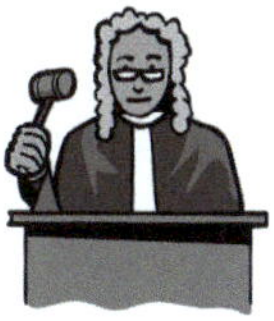

el juez

juez

el farmacéutico

químico

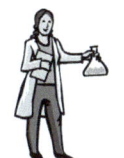

el actor

actor

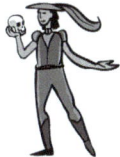

el colectivero

conductor de autobús

el taxista

taxista

el pescador

pescador

la mucama

mujer de la limpieza

el techista

techista

el mozo

camarero

el cazador

cazador

el pintor

pintor

el panadero

panadero

el electricista

electricista

el albañil

albañil

el ingeniero

ingeniero

el carnicero

carnicero

el plomero

fontanero

el cartero

cartero

el soldado

soldado

el arquitecto

arquitecto

el cajero

cajero

el florista

florista

el peluquero

peluquero

el cobrador

cobrador

el mecánico

mecánico

el capitán

capitán

el dentista

odontólogo

el científico

científico

el rabino

rabino

el imán

imam

el monje

monje

el sacerdote

párroco

las herramientas
herramientas

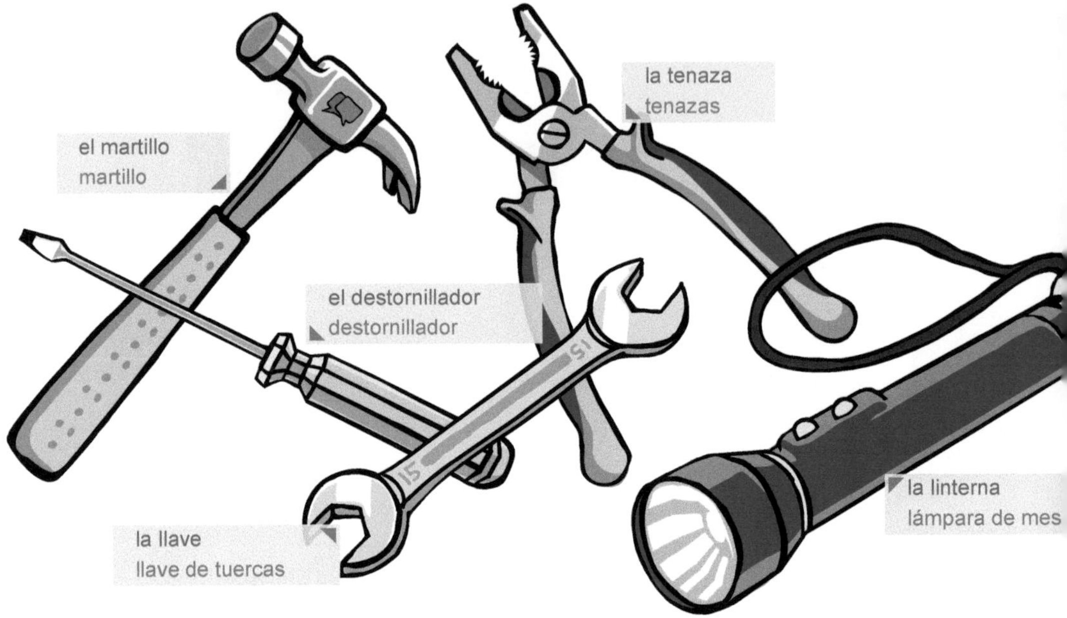
la tenaza
tenazas
el martillo
martillo
el destornillador
destornillador
la linterna
lámpara de mes
la llave
llave de tuercas

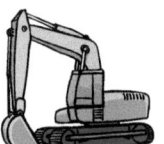

la excavadora

excavadora

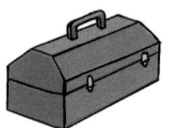

la caja de herramientas

caja de herramientas

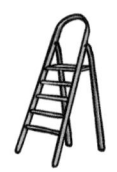

la escalera portátil

escalerilla

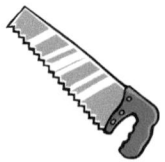

la sierra

serrucho

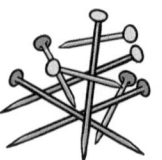

los clavos

clavos

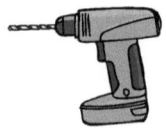

el taladro

taladro

arreglar
reparar

la pala de jardín
pala

¡Qué bronca!
¡Maldición!

la pala de plástico
recogedor

el tacho de pintura
lata de pintura

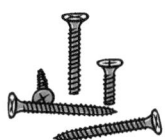

los tornillos
tornillos

los instrumentos musicales
instrumentos musicales

la batería
batería

el parlante
altavoz

la guitarra
guitarra

el contrabajo
contrabajo

la trompeta
trompeta

el piano

piano

el violín

violín

el bajo

bajo

los timbales

timbales

el tambor

tambor

el teclado

teclado

el saxofón

saxofón

la flauta

flauta

el micrófono

micrófono

el zoológico

zoológico

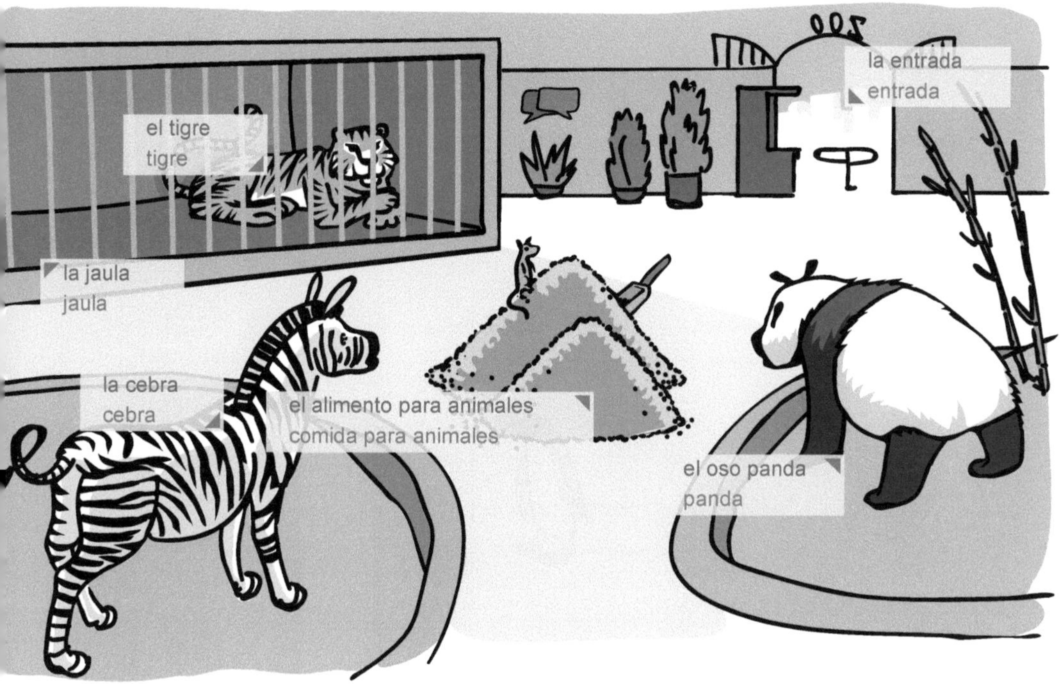

200
la entrada
entrada
el tigre
tigre
la jaula
jaula
la cebra
cebra
el alimento para animales
comida para animales
el oso panda
panda

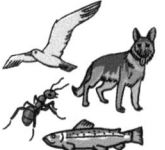

los animales

animales

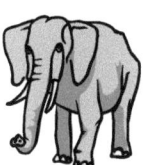

el elefante

elefante

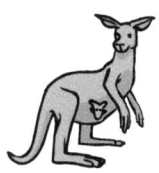

el canguro

canguro

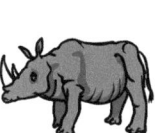

el rinoceronte

rinoceronte

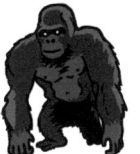

el gorila

gorila

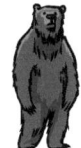

el oso

oso

el camello

camello

el avestruz

avestruz

el león

león

el mono

mono

el flamenco

flamengo

el loro

papagayo

el oso polar

oso polar

el pingüino

pingüino

el tiburón

tiburón

el pavo real

pavo real

la serpiente

serpiente

el cocodrilo

cocodrilo

el cuidador del zoológico

cuidador del zoológico

la foca

foca

el jaguar

jaguar

el zoológico - zoológico

el poni

pony

el leopardo

leopardo

el hipopótamo

hipopótamo

la jirafa

jirafa

el águila

águila

el jabalí

jabalí

el pescado

pescado

la tortuga

tortuga

la morsa

morsa

el zorro

zorro

la gacela

gacela

los deportes
deporte

el fútbol americano
fútbol americano

el ciclismo
ciclismo

el tenis
tenis

el básquet
baloncesto

la natación
natación

el boxeo
boxeo

el hockey sobre hielo
hockey sobre hielo

el fútbol
fútbol

el bádminton
badminton

el atletismo
atletismo

el handball
balonmano

el esquí
esquí

el polo
polo

las actividades

actividades

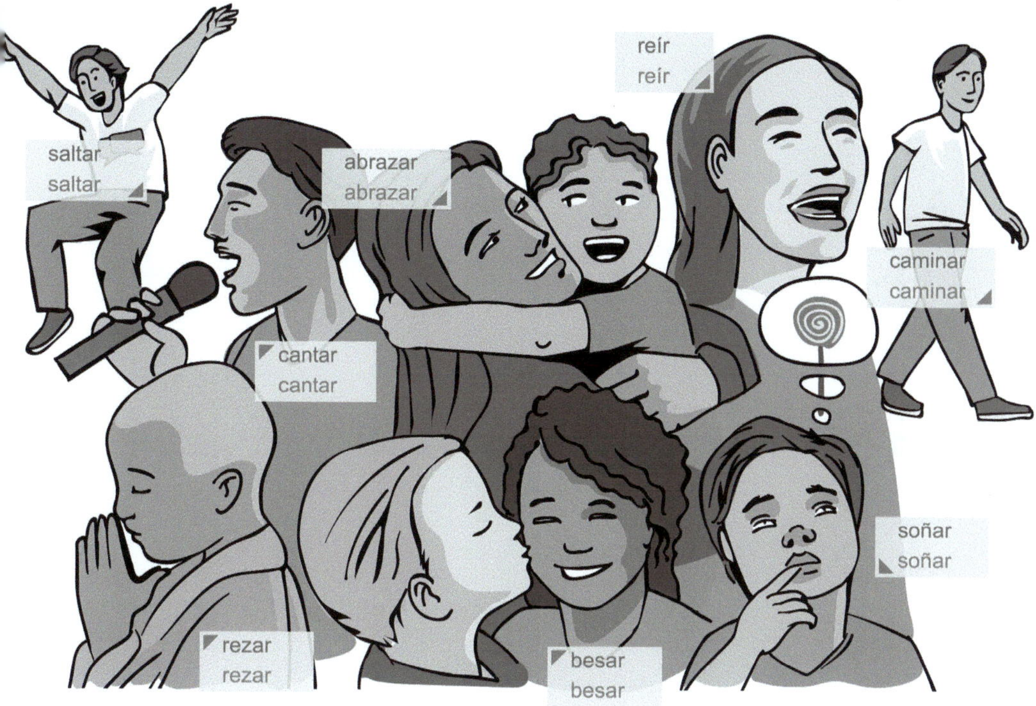

saltar
saltar
abrazar
abrazar
reír
reír
caminar
caminar
cantar
cantar
soñar
soñar
rezar
rezar
besar
besar

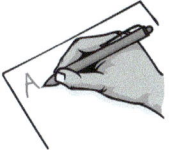

escribir

escribir

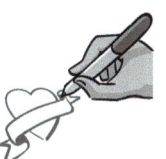

dibujar

dibujar

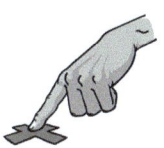

mostrar

mostrar

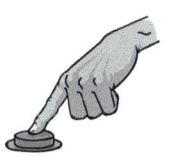

presionar

presionar

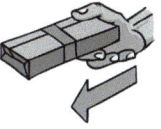

dar

dar

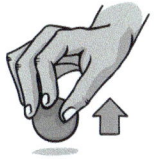

tomar

tomar

tener
....
tener

hacer
....
hacer

ser
....
ser

estar parado
....
estar de pie

correr
....
correr

tirar
....
tirar

tirar
....
arrojar

caer
....
caer

estar acostado
....
estar acostado

esperar
....
esperar

llevar
....
llevar

estar sentado
....
estar sentado

vestirse
....
vestirse

dormir
....
dormir

despertar
....
despertar

las actividades - actividades

mirar
mirar

llorar
llorar

acariciar
acariciar

peinar
peinarse

hablar
conversar

entender
entender

preguntar
preguntar

escuchar
oír

beber
beber

comer
comer

ordenar
asear

amar
amar

cocinar
cocinar

manejar
conducir

volar
volar

las actividades - actividades

65

navegar

navegar

calcular

calcular

leer

leer

aprender

aprender

trabajar

trabajar

casarse

casarse

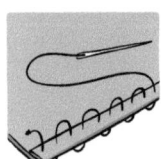

coser

coser

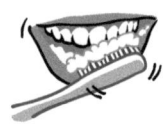

cepillarse los dientes

limpiarse los dientes

matar

matar

fumar

fumar

enviar

enviar

la familia

familia

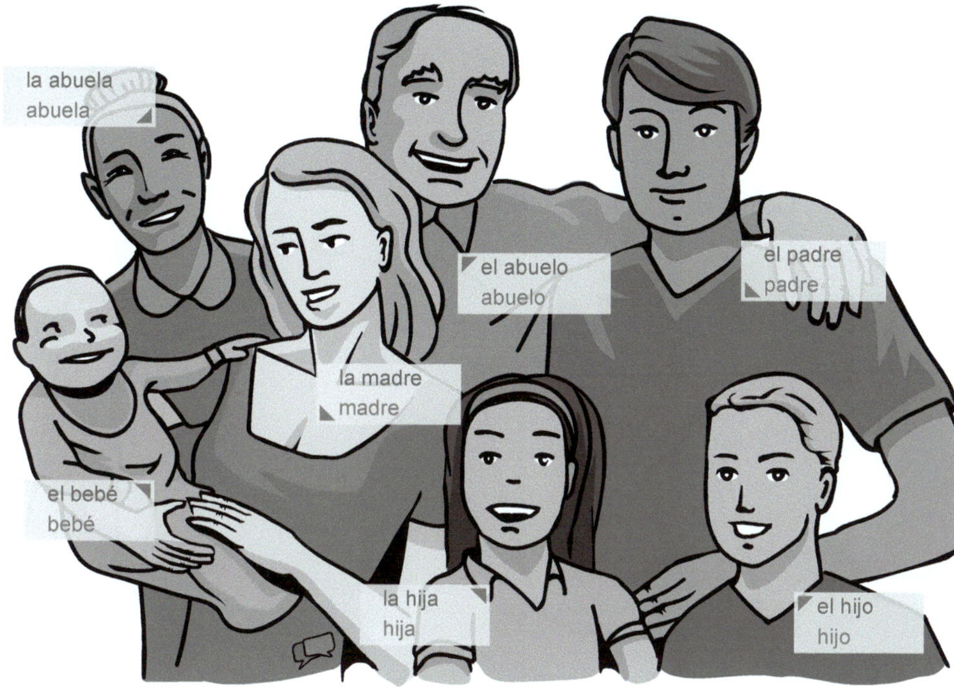
la abuela
abuela
el abuelo
abuelo
el padre
padre
la madre
madre
el bebé
bebé
la hija
hija
el hijo
hijo

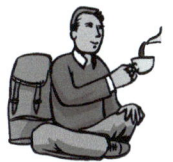

el invitado

invitado

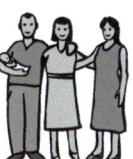

la tía

tía

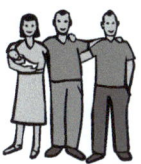

el tío

tío

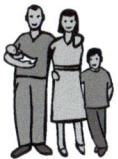

el hermano

hermano

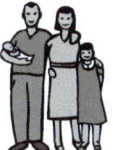

la hermana

hermana

el cuerpo

cuerpo

la frente
frente
el ojo
ojo
el hombro
hombro
el dedo
dedo
la cara
cara
la pera
barbilla
la mano
mano
la pierna
pierna
el pecho
pecho
el brazo
brazo

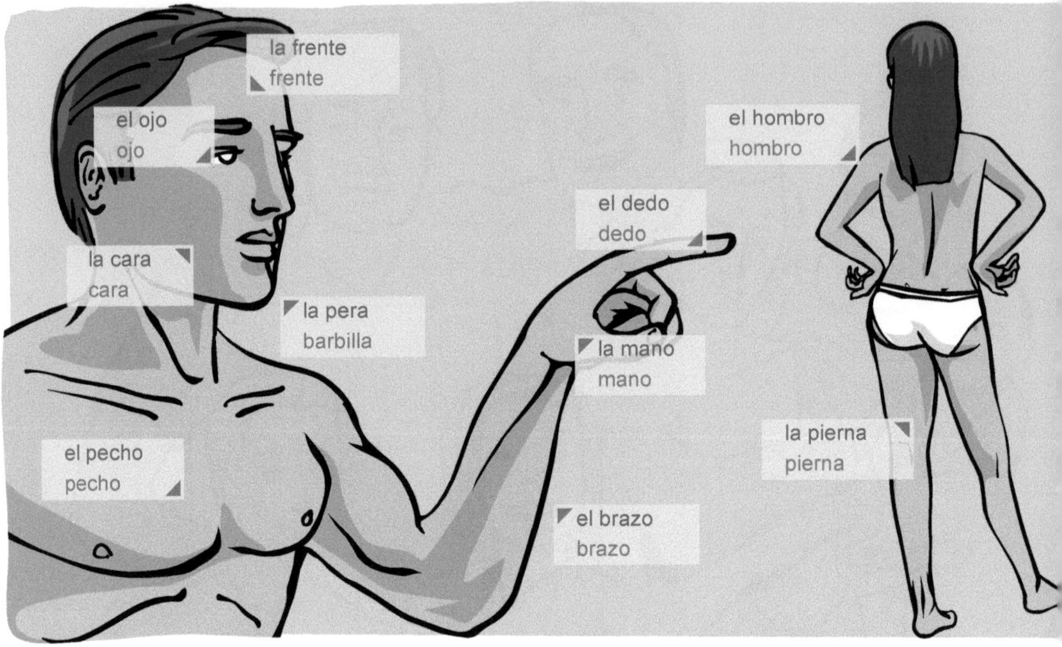

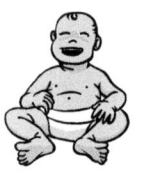

el bebé

bebé

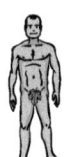

el hombre

hombre

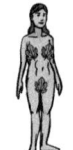

la mujer

mujer

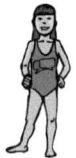

la nena

muchacha

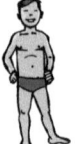

el nene

joven

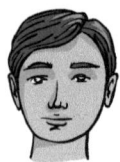

la cabeza

cabeza

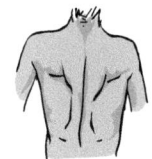

la espalda

espalda

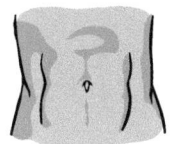

la panza

vientre

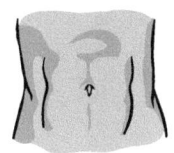

el ombligo

ombligo

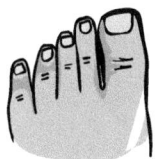

el dedo del pie

dedo del pie

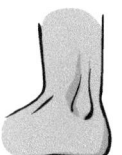

el talón

talón

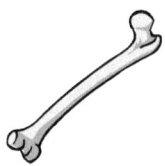

el hueso

hueso

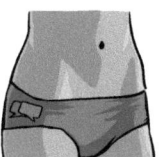

la cadera

cadera

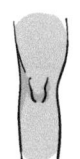

la rodilla

rodilla

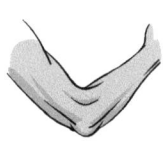

el codo

codo

la nariz

nariz

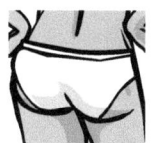

la cola

trasero

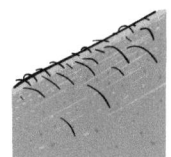

la piel

piel

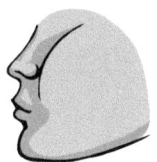

el cachete

mejilla

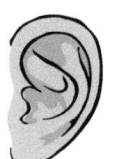

la oreja

oreja

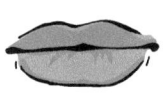

el labio

labio

la boca

boca

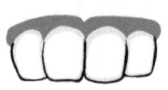

el diente

diente

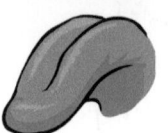

la lengua

lengua

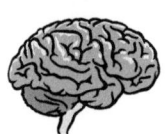

el cerebro

cerebro

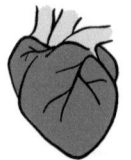

el corazón

corazón

el músculo

músculo

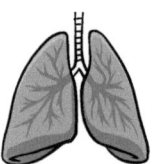

el pulmón

pulmón

el hígado

hígado

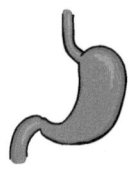

el estómago

estómago

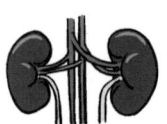

los riñones

riñones

el sexo

relación sexual

el preservativo

condón

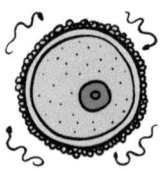

el óvulo

Óvulo

el semen

esperma

el embarazo

embarazo

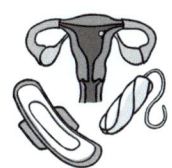

la menstruación
....
menstruación

la vagina
....
vagina

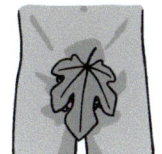

el pene
....
pene

la ceja
....
ceja

el pelo
....
cabello

el cuello
....
cuello

el hospital

hospital

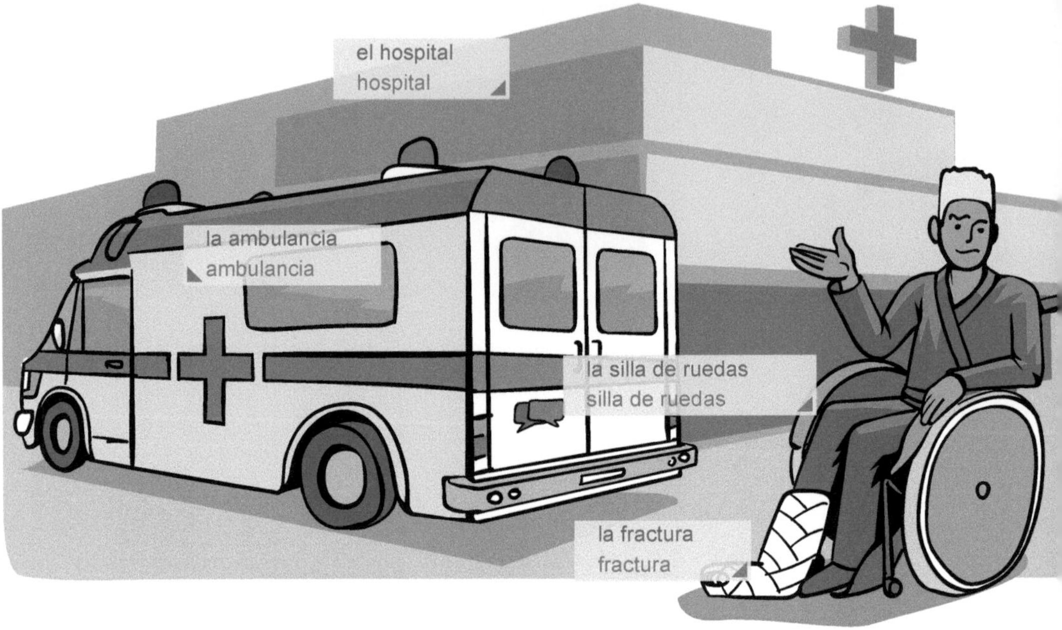

el hospital
hospital
la ambulancia
ambulancia
la silla de ruedas
silla de ruedas
la fractura
fractura

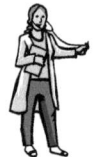

el médico

médico

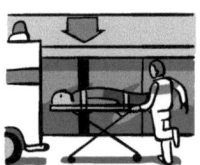

la sala de guardia

admisión de urgencia

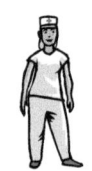

la enfermera

enfermera

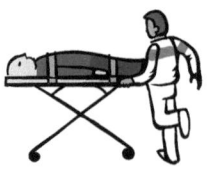

la emergencia

emergencia

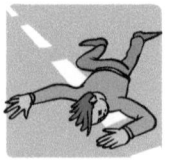

inconsciente

inconsciente

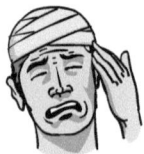

el dolor

dolor

la lesión

lesión

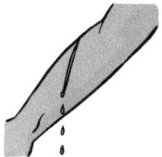

la hemorragia

hemorragia

el infarto

infarto de miocardio

el ACV

apoplejía cerebral

la alergia

alergia

la tos

tos

la fiebre

fiebre

la gripe

gripe

la diarrea

diarrea

el dolor de cabeza

dolor de cabeza

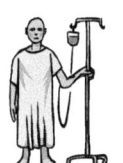

el cáncer

cáncer

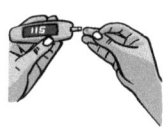

la diabetes

diabetes

el cirujano

cirujano

el bisturí

escalpelo

la operación

operación

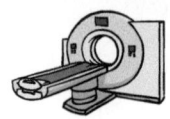

la TC

TC

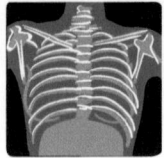

los rayos x

rayos X

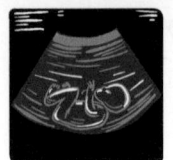

la ecografía

ultrasonido

el barbijo

máscara

la enfermedad

enfermedad

la sala de espera

sala de espera

la muleta

muleta

la curita

emplasto

la venda

vendaje

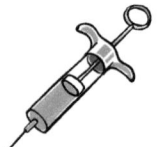

la inyección

inyección

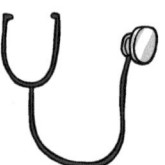

el estetoscopio

estetoscopio

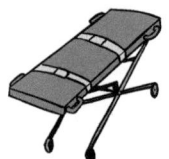

la camilla

camilla

el termómetro

termómetro

el nacimiento

nacimiento

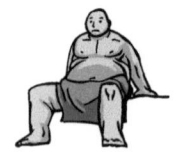

el sobrepeso

sobrepeso

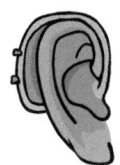

el audífono

audífono

el desinfectante

desinfectante

la infección

infección

el virus

virus

el VIH / SIDA

VIH / SIDA

el remedio

medicina

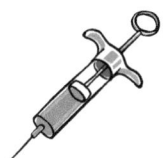

la vacunación

vacunación

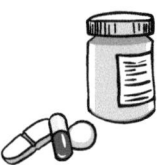

los comprimidos

comprimido

la pastilla anticonceptiva

píldora anticonceptiva

la llamada de emergencia

llamada de emergencia

el tensiómetro

medidor de presión arterial

enfermo / sano

enfermo / saludable

¡Ayuda!

¡Ayuda!

la alarma

alarma

la agresión

asalto

el ataque

ataque

el peligro

peligro

la salida de emergencia

salida de emergencia

¡Fuego!

¡Fuego!

el matafuego

extintor

el accidente

accidente

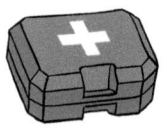

el botiquín de primeros auxilios

kit de primeros auxilios

el SOS

SOS

la policía

Policía

Europa

Europa

América del Norte

América del Norte

América del Sur

América del Sur

África

África

Asia

Asia

Australia

Australia

el Atlántico

Atlántico

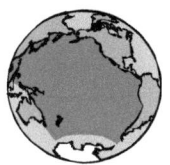

el Pacífico

Pacífico

el Océano Índico

Océano Índico

el Océano Antártico

Océano Antártico

el Océano Ártico

Océano Ártico

el polo norte

Polo Norte

el polo sur

Polo Sur

la Antártida

Antártida

la Tierra

Tierra

la tierra

país

el mar

mar

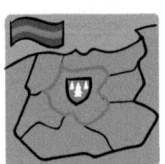

la isla

isla

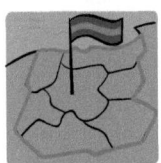

la nación

nación

el estado

Estado

la esfera

cuadrante

la manecilla de las horas

horario

el minutero

minutero

el segundero

segundero

¿Qué hora es?

¿Qué hora es?

el día

día

la hora

tiempo

ahora

ahora

el reloj digital

reloj digital

el minuto

minuto

la hora

hora

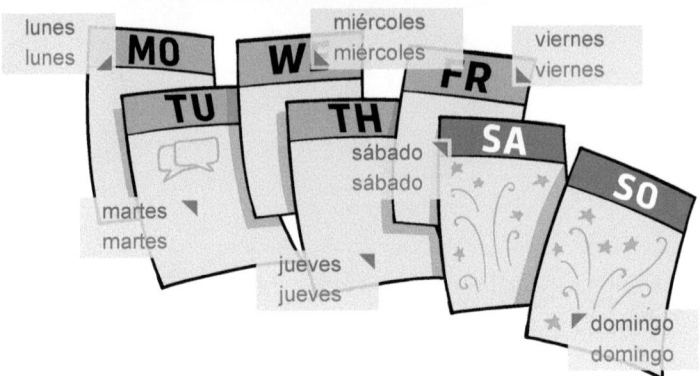

lunes
lunes

miércoles
miércoles

viernes
viernes

martes
martes

sábado
sábado

jueves
jueves

domingo
domingo

ayer
ayer

hoy
hoy

mañana
mañana

la mañana
mañana

el mediodía
mediodía

la tarde
tarde

los días hábiles
jornada de trabajo

el fin de semana
fin de semana

el año

año

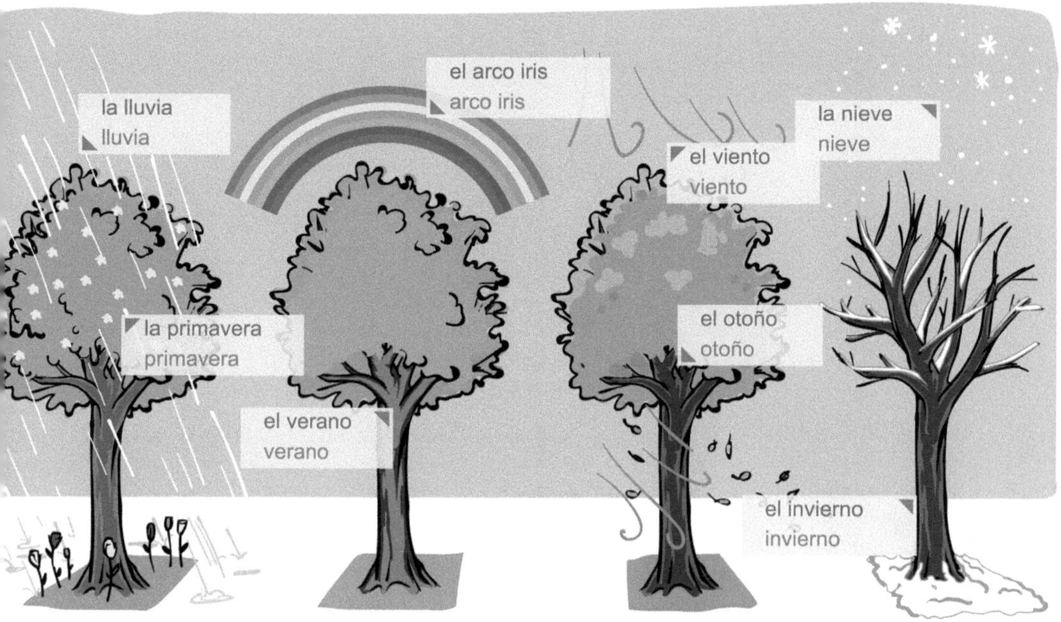

la lluvia
lluvia
el arco iris
arco iris
la nieve
nieve
el viento
viento
la primavera
primavera
el otoño
otoño
el verano
verano
el invierno
invierno

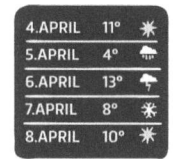

4.APRIL 11°
5.APRIL 4°
6.APRIL 13°
7.APRIL 8°
8.APRIL 10°

pronóstico meteorológico

pronóstico meteorológico

F C
120 40
30
90 20
60 10
30 0
0 -10
-30 -20

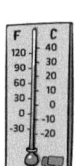

el termómetro

termómetro

la luz del sol

luz solar

la nube

nube

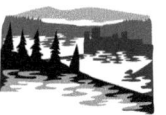

la niebla

niebla

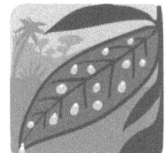

la humedad

humedad ambiente

el rayo

relámpago

el trueno

trueno

la tormenta

tormenta

el granizo

granizo

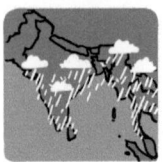

el monzón

monzón

la inundación

inundación

el hielo

hielo

enero

enero

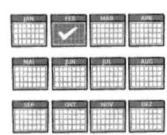

febrero

febrero

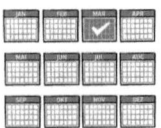

marzo

marzo

abril

abril

mayo

mayo

junio

junio

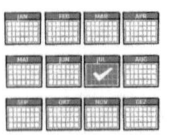

julio

julio

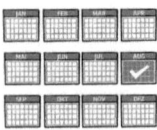

agosto

agosto

el año - año

septiembre
septiembre

octubre
octubre

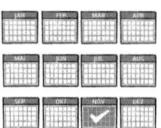

noviembre
noviembre

diciembre
diciembre

las formas

formas

el círculo
círculo

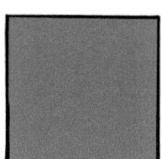

el cuadrado
cuadrado

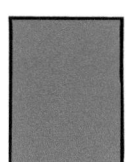

el rectángulo
rectángulo

el triángulo
triángulo

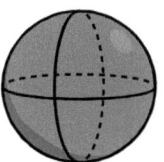

la esfera
esfera

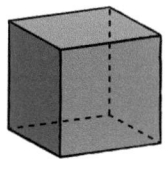

el cubo
cubo

blanco
blanco

amarillo
amarillo

naranja
anaranjado

rosa
rosa

rojo
rojo

violeta
lila

azul
azul

verde
verde

marrón
marrón

gris
gris

negro
negro

mucho / poco
mucho / poco

enojado / tranquilo
enojado / calmado

lindo / feo
bonito / feo

el principio / el fin
comienzo / fin

grande / chico
grande / pequeño

claro / oscuro
claro / oscuro

el hermano / la hermana
hermano / hermana

limpio / sucio
limpio / sucio

completo / incompleto
completo / incompleto

el día / la noche
día / noche

muerto / vivo
muerto / vivo

ancho / angosto
ancho / angosto

comestible / no comestible

. . . .

disfrutable / no disfrutable

malo / amable

. . . .

malo / amigable

entusiasmado / aburrido

. . . .

excitado / aburrido

gordo / flaco

. . . .

gordo / delgado

primero / último

. . . .

primero / último

el amigo / el enemigo

. . . .

amigo / enemigo

lleno / vacío

. . . .

lleno / vacío

duro / blando

. . . .

duro / suave

pesado / liviano

. . . .

pesado / liviano

el hambre / la sed

. . . .

hambre / sed

enfermo / sano

. . . .

enfermo / saludable

ilegal / legal

. . . .

ilegal / legal

inteligente / estúpido

. . . .

inteligente / tonto

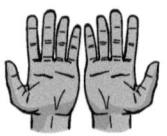

izquierda / derecha

. . . .

izquierda / derecha

cerca / lejos

. . . .

cercano / lejano

nuevo / usado

nuevo / usado

encendido / apagado

encendido / apagado

nada / algo

nada / algo

viejo / joven

viejo / joven

abierto / cerrado

abierto / cerrado

silencioso / ruidoso

bajo / fuerte

rico / pobre

rico / pobre

correcto / incorrecto

correcto / incorrecto

áspero / suave

áspero / liso

triste / contento

triste / alegre

corto / largo

breve / extenso

lento / rápido

lento / veloz

mojado / seco

mojado / seco

caliente / frío

caliente / frío

guerra / paz

guerra / paz

números

0

cero

cero

1

uno

uno

2

dos

dos

3

tres

tres

4

cuatro

cuatro

5

cinco

cinco

6

seis

seis

7

siete

siete

8

ocho

ocho

9

nueve

nueve

10

diez

diez

11

once

once

12
doce

doce

13
trece

trece

14
catorce

catorce

15
quince

quince

16
dieciséis

dieciséis

17
diecisiete

diecisiete

18
dieciocho

dieciocho

19
diecinueve

diecinueve

20
veinte

veinte

100
cien

cien

1.000
mil

mil

1.000.000
el millón

millón

el inglés

inglés

el inglés americano

inglés estadounidense

el chino mandarín

chino mandarín

el hindi

hindi

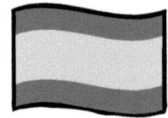

el español

español

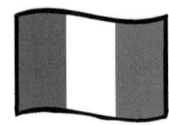

el francés

francés

el árabe

árabe

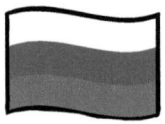

el ruso

ruso

el portugués

portugués

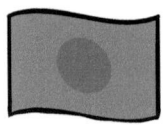

el bengalí

bengalí

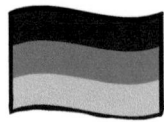

el alemán

alemán

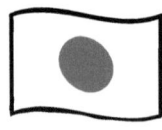

el japonés

japonés

yo

yo

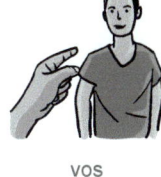

vos

tú

él / ella

él / ella

nosotros

nosotros

ustedes

vosotros

ellos

ellos

¿quién?

¿quién?

¿qué?

¿qué?

¿cómo?

¿cómo?

¿dónde?

¿dónde?

¿cuándo?

¿cuándo?

HELLO, I AM

el nombre

nombre

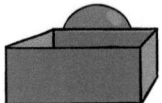

detrás
....
detrás

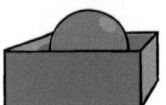

en
....
en

adelante de
....
delante de

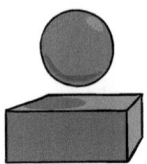

por encima de
....
encima de

sobre
....
sobre

debajo de
....
debajo de

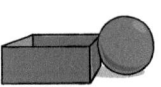

al lado de
....
junto a

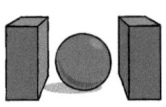

entre
....
entre

el lugar
....
lugar